Impressum
Verlag: BABADADA GmbH, Nedderfeld 112 , 22529 Hamburg
Geschäftsführer / Verlagsleitung: Harald Hof
Druck: Books on Demand GmbH, In de Tarpen 42, 22848 Norderstedt

Imprint
Publisher: BABADADA GmbH, Nedderfeld 112 , 22529 Hamburg, Germany
Managing Director / Publishing direction: Harald Hof
Print: Books on Demand GmbH, In de Tarpen 42, 22848 Norderstedt, Germany

škola

ቤት-ትምህርቲ

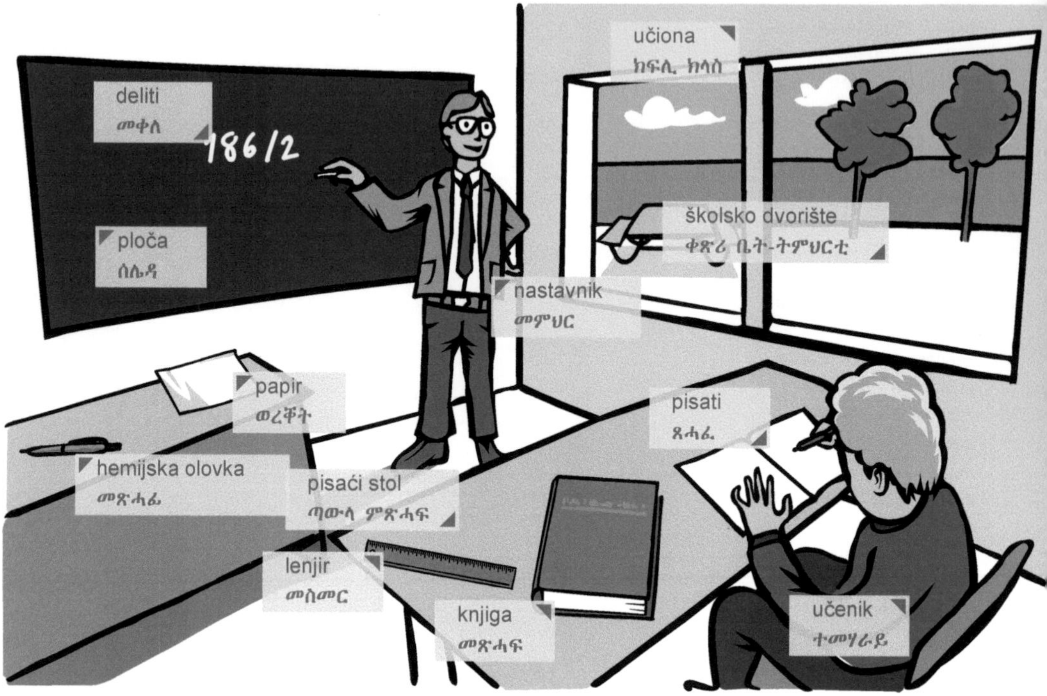

deliti
መቀለ
186/2
ploča
ሰሌዳ
učiona
ክፍሊ ክላስ
školsko dvorište
ቀጽሪ ቤት-ትምህርቲ
nastavnik
መምህር
papir
ወረቐት
pisati
ጸሓፈ
hemijska olovka
መጽሓፊ
pisaći stol
ጣውላ ምጽሓፍ
lenjir
መስመር
knjiga
መጽሓፍ
učenik
ተመሃራይ

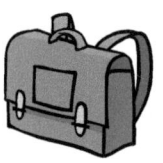

torba

ሳንጣ ትምህርቲ

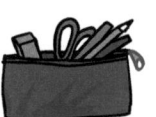

pernica

ሰፈር ብርዒ

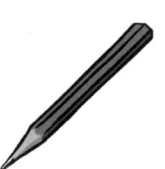

grafitna olovka

ርሳስ

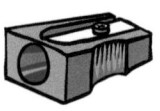

šiljilo za olovke

መብልሒ ርሳስ

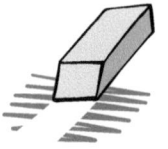

gumica za brisanje

መደምሰሲ

blok za crtanje

ጥራዝ ስእሊ

crtež

ስእሊ

kist

ብርሺ ቀለም

kutija sa bojama

ቦክስ ቀለም

makaze

መቐስ

lepilo

መጣበቒ

beležnica

ጥራዝ መላመዲ

domaći zadatak

ዕዮ ገዛ

12

broj

ቁጽሪ

2+2

sabirati

ወሰኸ

5-2

oduzimati

ነደለ

2×2

množiti

ረብሐ

računati

ደመረ

A

slovo

ፊደል

ABCDEFG HIJKLMN OPQRSTU VWXYZ

abeceda

ስርዓት ፊደላት

hello

reč

ቃል

tekst

ጽሑፍ

čitati

አንበበ

kreda

ኩርሽ

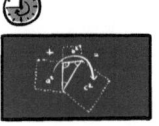

čas

ሰዓት

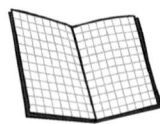

dnevnik

መዝገብ ክላስ

ispit

መርመራ

svedočanstvo

ሰርቲፊኬት

školska uniforma

ድቢዛ ቤትትምህርቲ

obrazovanje

ትምህርቲ

leksikon

ለክሲኮን

univerzitet

ዩኒቨርሲቲ

mikroskop

ሚክሮስኮፕ

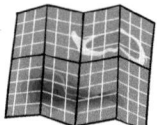

karta

ካርታ

košara za papir

ጎሓፍ ወረቓት

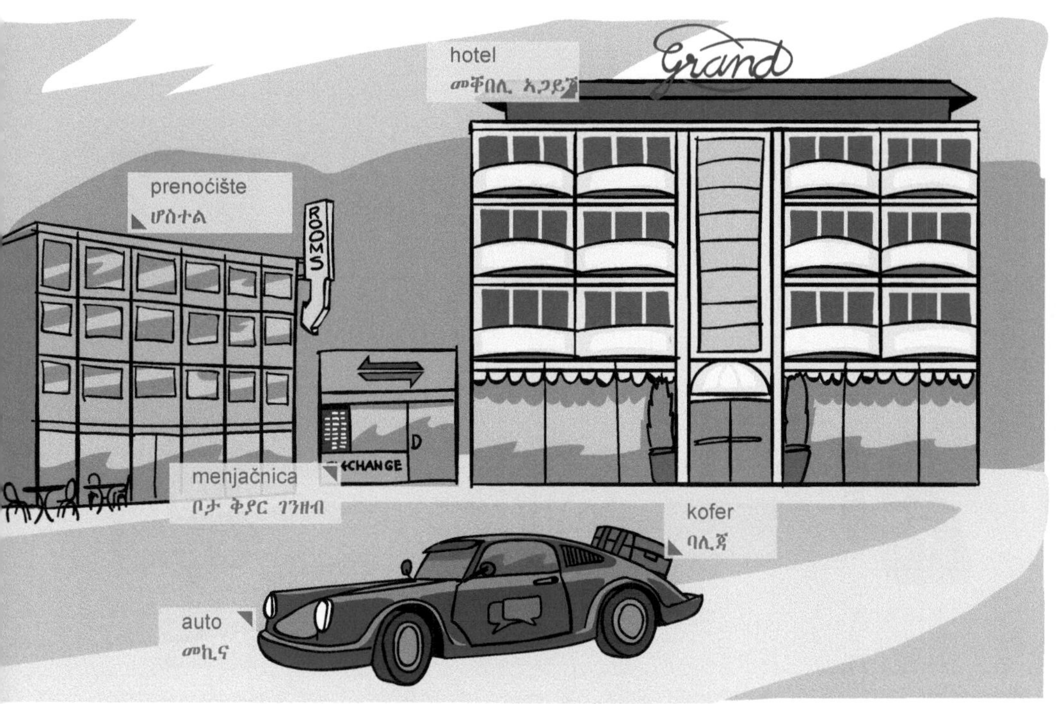

hotel
መቕበሊ ኣጋይሽ
Grand
prenoćište
ሆስተል
ROOMS
menjačnica
ቦታ ቅያር ገንዘብ
kofer
ባሊጃ
auto
መኪና

jezik

ቋንቋ

da / ne

እወ / ኖ

okej

ሕራይ

zdravo

ሰላም

prevodilac

ኣስተርጓሚ

hvala

የቐንየለይ

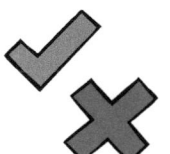

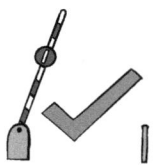

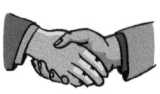

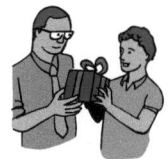

Koliko košta...?

. . . ክንደይ ዋግኡ?

ne razumem

አይተረድአኹን

problem

ሽግር

dobro veče!

ሰላም ምሸት!

Dobro jutro!

ከመይ ሓዲርካ

Laku noć!

ሰላም ለይቲ

doviđenja

ደሓን ኩን

smer

አንፈት

prtljaga

ጉዕዞ

torba

ሳንጣ

ruksak

ሳንጣ ሕቖ

gost

ጋሻ

soba

ክፍሊ.

vreća za spavanje

ከሻ መደቐሲ.

šator

ቴንዳ

turističke informacije

ሓበሬታ በጻሕቲ ሃገር

plaža

ገምገም ባሕሪ

kreditna kartica

ክሬዲት ካርድ

doručak

ቁርሲ

ručak

ምሳሕ

večera

ድራር

karta za vožnju

ቲከት

lift

ሊፍት

poštanska markica

ማሕተም ደብዳበ

granica

ዶብ

carina

ድንና

ambasada

ኣምበሲ

viza

ቪዛ

pasoš

ፓስፖርት

transport

መጓዓዝያ

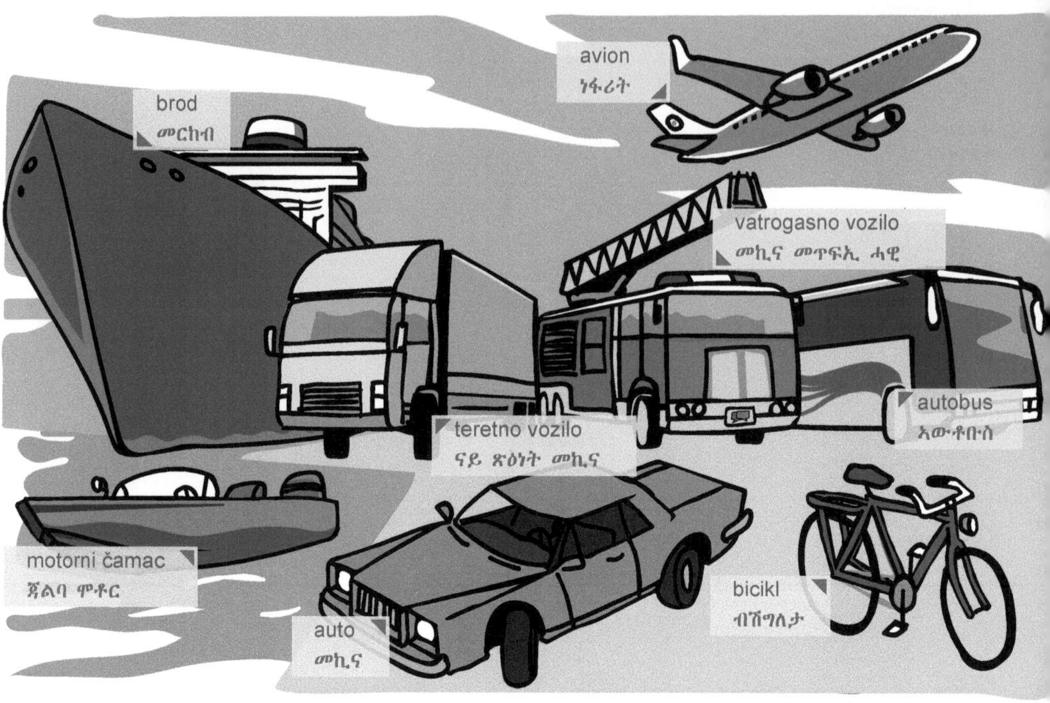

avion
ነፋሪት
brod
መርከብ
vatrogasno vozilo
መኪና መጥፋኢ ሓዊ
autobus
ኣውቶቡስ
teretno vozilo
ናይ ጽዕነት መኪና
motorni čamac
ጃልባ ሞቶር
auto
መኪና
bicikl
ብሽግለታ

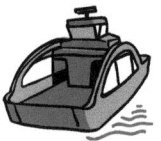

trajekt

ፈሪ

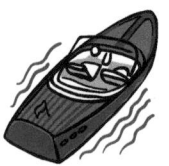

čamac

ጃልባ

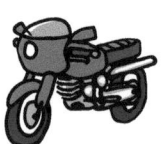

motocikl

ሞቶ

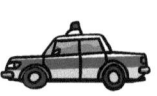

policijski auto

መኪና ፖሊስ

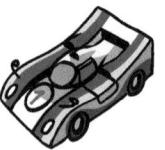

trkaći auto

መኪና ቅድድም

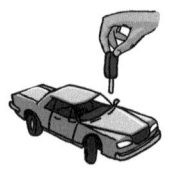

iznajmljeno auto

ክራይ መኪና

delenje automobila

ምውፋይ መካይን

vučno vozilo

መወሰዲ መኪና

vozilo za odvoz smeća

መኪና ጎሓፍ

motor

ሞቶር

benzin

ነዳዲ

benzinska stanica

እንዳ ነዳዲ

saobraćajni znak

ምልክት ትራፊክ

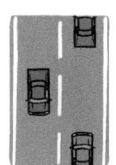

saobraćaj

ትራፊክ

zastoj

ምጭቅጫቅ ትራፊክ

parkiralište

መዕሸጊ መኪና

železnička stanica

መዕረፊ ባቡር

šine

ሓዲግ

voz

ባቡር

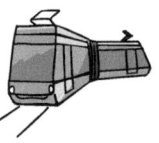

tramvaj

ትረም

vagon

ባጎኒ

helikopter

ሄሊኮፕተር

aerodrom

መዓረፈ ነፈርቲ

kula

ታወር

putnik

ተጓዓዚ

kontejner

ኮንተይነር

karton

ሳንዱቕ ካርቶን

kolica

ኮርሳ ጽዕነት

korpa

ዘንቢል

uzleteti / sleteti

ተበገሰ / ዓለበ

grad

ከተማ

selo

ቀላሽት

centar grada

ማእከል ከተማ

kuća

ገዛ

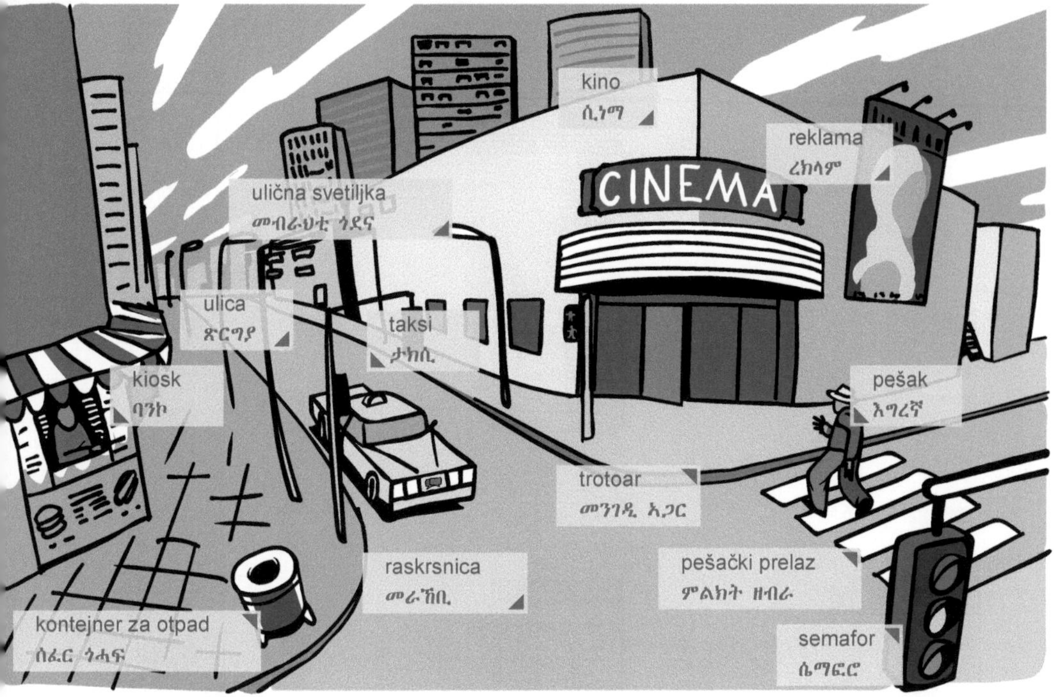

kino
ሲነማ

reklama
ረክላም

ulična svetiljka
መብራህቲ ጎደና

ulica
ጽርግያ

taksi
ታክሲ

kiosk
ባንኮ

pešak
እግረኛ

trotoar
መንገዲ እግር

raskrsnica
መራኸቢ

pešački prelaz
ምልክት ዘብራ

kontejner za otpad
ስፈር ጎሓፍ

semafor
ሴማፎር

koliba

አጎዶ

stan

አፓርትመንት

železnička stanica

መዕረፊ ባቡር

većnica

ቤት ምምሕዳር

muzej

ቤተ መዘክር

škola

ቤት-ትምህርቲ

univerzitet

ዩኒቨርሲቲ

banka

ባንክ

bolnica

ሆስፒታል

hotel

መቐበሊ ኣጋይሽ

apoteka

ቤት መድሃኒት

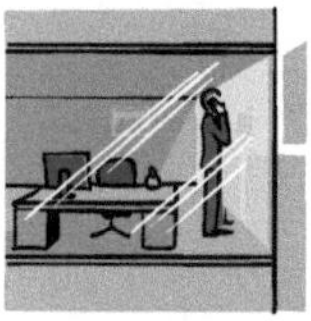

kancelarija

ቤት ጽሕፈት

knjižara

ዱኳን መጽሓፍቲ

prodavnica

ዱኳን

cvećara

ዱኳን ዕንባባ

supermarket

ሱፐርማርኬት

trg

ዕዳጋ

robna kuća

ሹቕ

ribarnica

ነጋዳይ ዓሳ

trgovački centar

ሹቕ

luka

መርሳ

park

መዘናግዒ

klupa

ባንኪ

most

ድልድል

stepenice

መደያይቦ

podzemna železnica

ባቡር ትሕቲ ምድሪ

tunel

ቢንቶ

autobuska stanica

መዕረፊ አውቶቡስ

bar

ቤት መስተ

restoran

ቤት-መግቢ

poštansko sanduče

ስታሪት

ulični znak

ታቤላ

parkirni automat

ሰዓት ፓርኪንግ

zoološki vrt

መካነ እንስሳታት

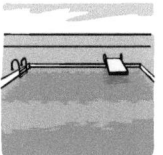

bazen

መሓምበሲ

džamija

መስጊድ

seosko gazdinstvo

ቤት ሕርሻ

zagađenje okoline

ብከላ

groblje

መቃበር

crkva

ቤተክርስትያን

igralište

ቦታ ምጽዋት

hram

ቤት መቕደስ

---

pejsaž

ስእሊ መሬት

list
ኣቍጽልቲ

putokaz
መሕበሪ መገዲ

put
መገዲ

livada
ሸኻ

kamen
እምኒ

drvo
ኣግራብ

šetač
ኮብላሊ

reka
ፈለግ

trava
ስዓሪ

cvijet
ዕንባባ

dolina

ስንጭሮ

planina

ጎቦ

jezero

ቀላይ

šuma

ዱር

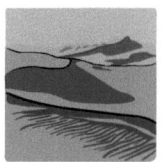

pustinja

ምድረ በዳ

vulkan

እሳተ-ጎመራ

dvorac

ግምቢ

duga

ቀስተ-ደመና

gljiva

ቃንጦሻ

palma

ዓርኮብኮባይ

moskito

ጣንጡ

muva

ሃመማ

mrav

ጻጸ

pčela

ንህቢ

pauk

ሳሬት

buba

ሕንዚዝ

žaba

ዕንቅርያብ

veverica

ም፰ጹ፡ላይ

jež

ቅንፍዝ

zec

ማንቲለ

sova

ጉንን

ptica

ጭሩ

labud

ስዋን

divlja svinja

መፍለስ

jelen

ዓጋዘን

los

ሙስ

nasip

ግድብ

vetrenjača

ተርባይን ንፋስ

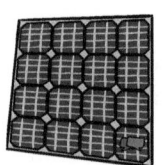

solarna ploča

ሶላር ስርሓት

klima

ኩነታት አየር

restoran

ቤት-መግቢ

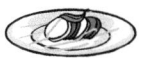

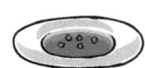

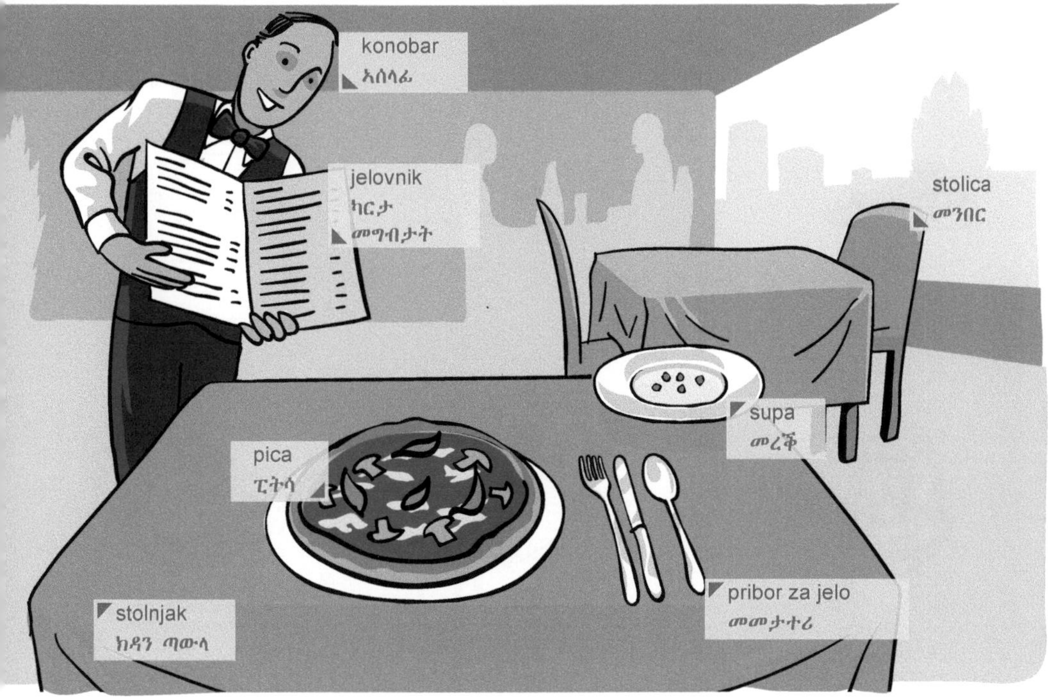
konobar
ኣሰላፊ
jelovnik
ካርታ
መግብታት
stolica
መንበር
supa
መረቕ
pica
ፒትሳ
pribor za jelo
መመታተሪ
stolnjak
ክዳን ጣውላ

predjelo

ቅድመ ቀንዲ መግቢ

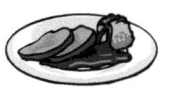

glavno jelo

ቀንዲ መኣዲ

desert

ድሕረ መግቢ

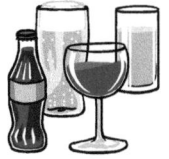

napitci

መስተ

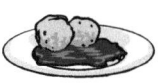

jelo

መግቢ

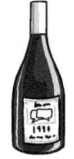

flaša

ጥርሙዝ

brza hrana

ስሉጥ መግቢ

imbis hrana

መግቢ ጽርግያ

čajnik

ብርጭቆ ሻሂ

doza za šećer

ታኒካ ሽኮር

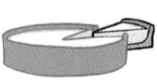

porcija

ክፋል

aparat za espresso

ማሺን ኤስፕረሶ

visoka stolica

ነዊሕ መንበር

račun

ጸብጸብ

poslužavnik

ታብለት

nož

ካራ

viljuška

ፉርከታ

kašika

ማንካ

čajna kašika

ማንካ ሻሂ

salveta

ሰርቭየተ

čaša

ብኬሪ

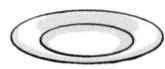

tanjir

ሻሓኒ

tanjir za supu

ሻሓኒ መረቕ

tanjirić

ትሕቲ ኩባያ

sos

ጸብሒ

soljenka

ወዛቢ ጨው

mlin za biber

መጥሓን በርበረ

sirće

አቾቶ

ulje

ዘይቲ

začini

ቀመም

kečap

ከቸፕ

senf

አድሪ

majoneza

ማዮኔዝ

supermarket

ሱፐርማርክት

ponuda
ወፈያ
FOR
kupac
ዓሚል
mlečni proizvodi
ፍርያታት ጸባ
voće
ፍረታት
kolica za kupovinu
ሰረገላ ዱኳን

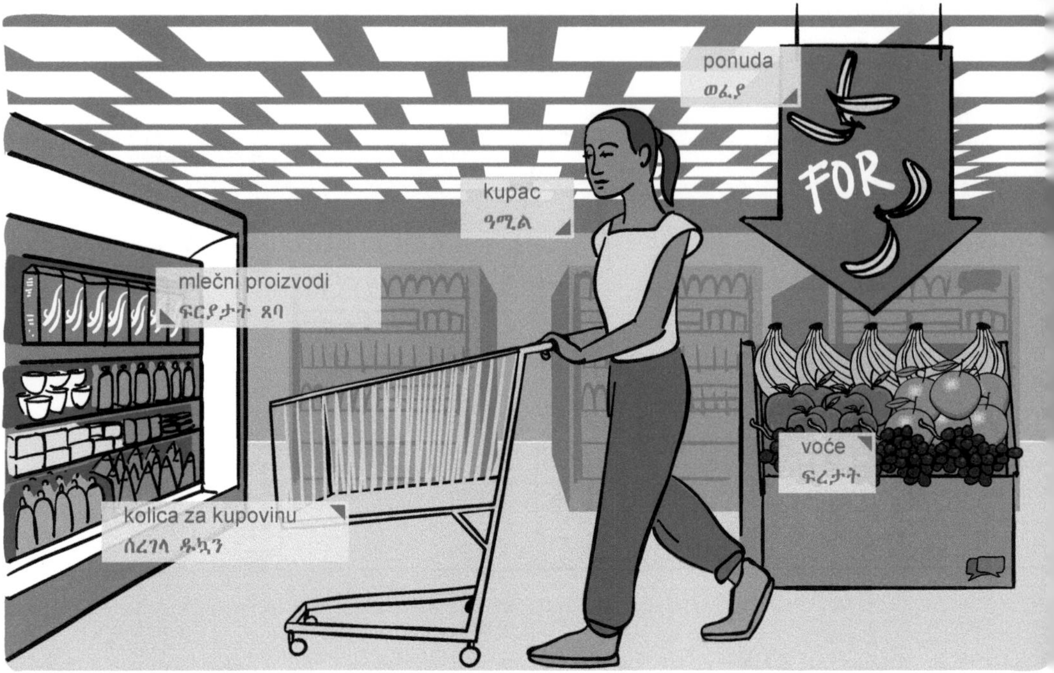

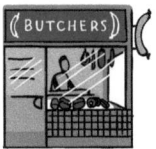

BUTCHERS

mesnica

እንዳ ስጋ

BAKERY

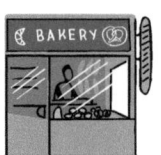

pekara

እንዳ ባኒ

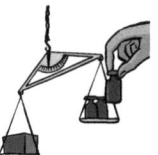

vagati

ክብደት

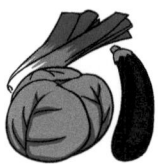

povrće

ኣሕምልቲ

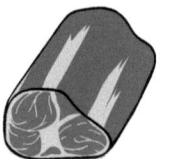

meso

ስጋ

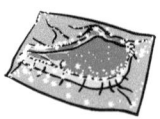

smrznuta hrana

መግቢ ፍሪጅ በረድ

narezak

ዝሕል ቅሩብ መግቢ

konzerve

እስቃጥላ

sredstvo za pranje

ኦሞ

slatkiši

ምቁር መግቢ

artikli za domaćinstvo

ዘቤታውያን ኣቑሑ

sredstva za čišćenje

ናውቲ መጽረዪ

prodavačica

ሻቃጣይ

blagajna

ካሳ

blagajnik

ተሓዝ ገንዘብ

lista za kupovinu

ዝርዝር ምግዛእ

vreme rada

ክፉት ሰዓታት

novčanik

ማሕፉዳ

kreditna kartica

ክረዲት ካርድ

torba

ሳንጣ

plastična kesa

ፌስታል

voda

ማይ

sok

ጭማቆ

mleko

ጸባ

kola

ኮላ

vino

ነቢት

pivo

ቢራ

alkohol

አልኮል

kakao

ካካው

čaj

ሻሂ

kava

ቡን

espresso

ኤስፕረሶ

cappuccino

ካፑቺኖ

banana

ባናና

jabuka

ቱፋሕ

narandža

አራንሺ

lubenica

ብርጭቆ

limun

ለሚን

šargarepa

ካሮት

beli luk

ጻዕዳ ሽጉርቲ

bambus

ባምቡስ

luk

ሽጉርቲ

gljiva

ቅንጥሻ

orašasti plodovi

ፉል

rezanci

ፓስታ

špagete

ስፓገቲ

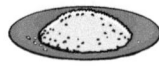

riža

ሩዝ

salata

ሰላጣ

pomfrit

ቅልዋ ድንሽ

pečeni krumpir

ቅሉው ድንሽ

pica

ፒተሳ

hamburger

ሃምቡርገር

sendvič

ፓኒኖ

šnicla

ቢስተካ

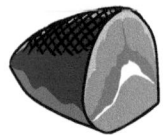

šunka

ሰለፍ ሓሰማ

salama

ሳላሚ

kobasica

ግዕዝም

kokoš

ደርሆ

pečenje

ቁለወ

riba

ዓሳ

zobene pahuljice

ገዓት

musli

ሙስሊ

kukuruzne pahuljice

ኮርንፍለይክስ

brašno

ሓርጭ

kroasan

ክሮሶን

pecivo

ባኒ

hleb

ባኒ

toast

ቶስት

keksi

ብሽኮቲ

maslac

ጠስሚ

sveži sir

ርጎኦ

kolač

ፓስተ

jaje

እንቋቍሐ

jaje na oko

ቅሉው እንቋቍሐ

sir

ፉርማጆ

jelo - መግቢ.

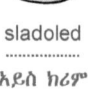

sladoled

አይስ ክሪም

šećer

ሽኮር

med

መዓር

marmelada

ጅም

nugat krema

ኑጋት-ክሪም

kari

ኩሪ

seosko gazdinstvo
ቤት ሕርሻ

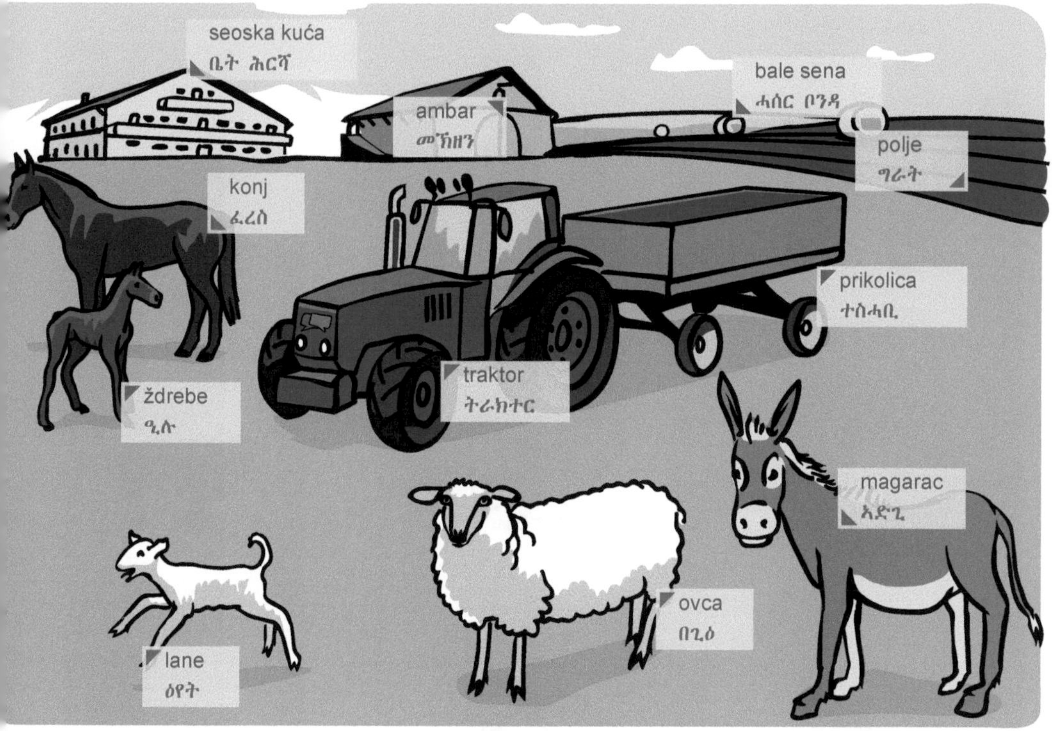

seoska kuća
ቤት ሕርሻ
ambar
መኽዘን
bale sena
ሓሰር ቦንዳ
polje
ግራት
konj
ፈረስ
prikolica
ተስሓቢ
traktor
ትራክተር
ždrebe
ዒሉ
magarac
ኣድጊ
ovca
በጊዕ
lane
ዕየት

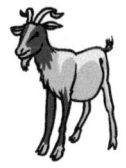

koza

ጤል

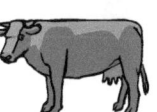

krava

ብዕራይ

tele

ምራኽ

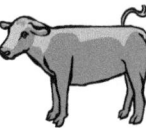

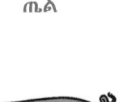

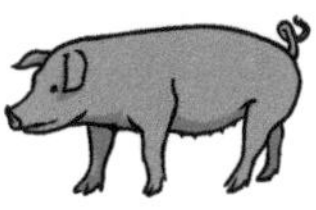

svinja

ሓሰማ

prase

ውላድ ሓሰማ

bik

ኣርሓ

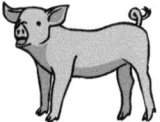

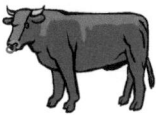

guska

ዓዲ

patka

ማይ ደርሆ

pilići

ጫቁሊት

kokoš

ደርሆ

petao

አርሓ ደርሆ

pacov

አንጨዋ ዓባይ

mačka

ድሙ

miš

አንጭዋ

vol

ብዕራይ

pas

ከልቢ

kućica za psa

አጉዶ ከልቢ

vrtno crevo

ቱባ ጀርዲን

kanta za polivanje

መዝፈፊ ማይ

kosa

ዓቢ ማዕጺድ

plug

ማሕረሻ

srp

ማዕጺድ

motika

ጭኳር

viljuška za đubrivo

መስአ

sekira

ፋስ

tačke

ዓረብያ ኢድ

korito

ጋብላ

posuda za mleko

ብርጭቆ ጸባ

vreća

ክሻ

ograda

ሓጹር

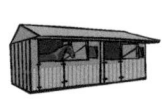

štala

መንሰስ

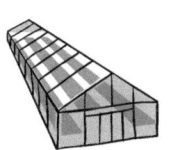

staklenik

ቆጠልያ ገዛ

zemlja

ባይታ

seme

ዘርኢ

đubrivo

ድኹዒ

kombajn

ዘጣምር ቀውዓይ

žeti

ቀውО

žetva

ጸጋ

jams začin

ድንሽ ያም

pšenica

ስርናይ

soja

ሶያ

krumpir

ድንሽ

kukuruz

ዕፉን

uljana repica

ራፕስ

voćka

ገረብ ፍረታት

gomolj manioke

ማኒኦክ

žitarice

አእኻል

kuća

ገዛ

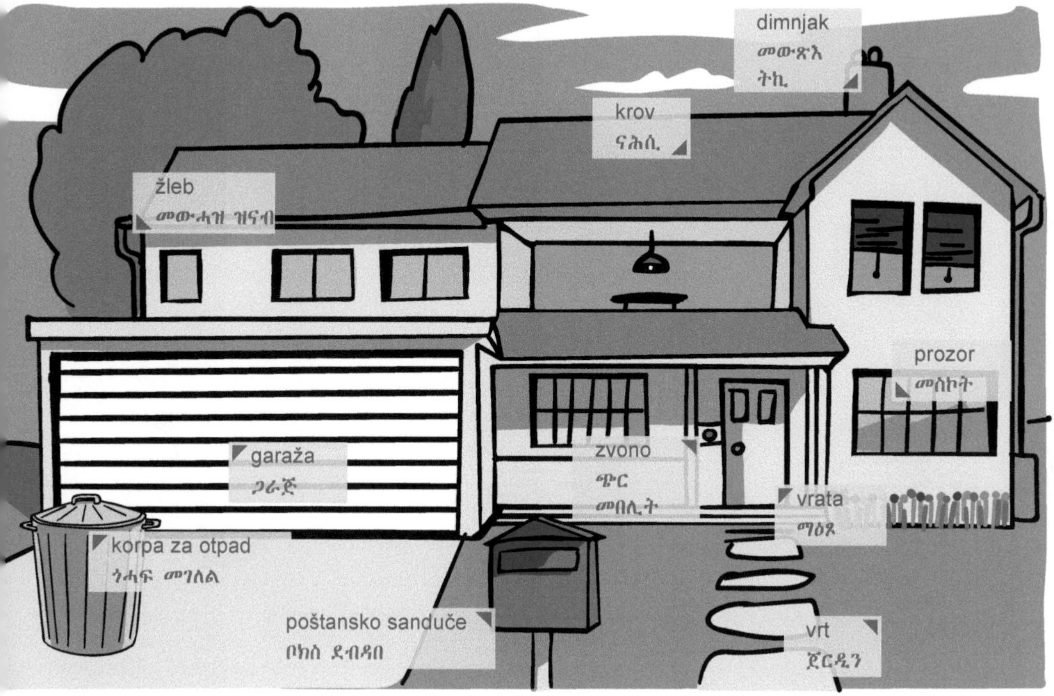
dimnjak
መውጽእ ትኪ
krov
ናሕሲ
žleb
መውሓዝ ዝናብ
prozor
መስኮት
garaža
ጋራጅ
zvono
ጭር መበሊት
vrata
ማዕጾ
korpa za otpad
ጎሓፍ መገለል
poštansko sanduče
ቦክስ ደብዳበ
vrt
ጅርዲን

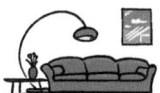

dnevna soba

ክፍሊ ምቕማጥ

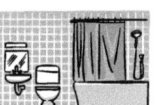

kupaonica

ክፍሊ ባንዮ

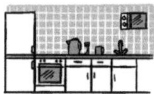

kuhinja

ክሽነ

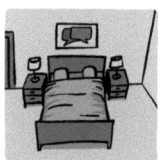

spavaća soba

ክፍሊ መደቀሲ

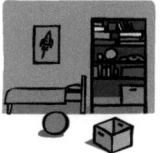

dečija soba

ክፍሊ ቆልዑ

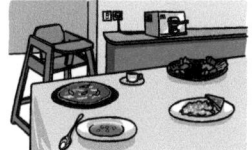

trpezarija

መመገቢ ክፍሊ

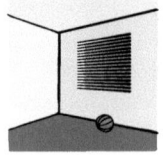

pod

ባይታ

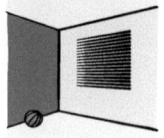

zid

መንደቕ

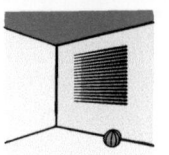

strop

ከቦርታ

podrum

ካንቲና

sauna

ሳውና

balkon

ባልኮን

terasa

ዛላ

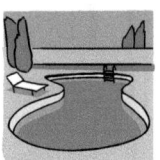

bazen

መሕምበሲ

kosilica za travu

መቐረጺ ሳዕሪ

posteljina za krevet

አንሶላ ዓራት

deka za krevet

ከቦርታ ዓራት

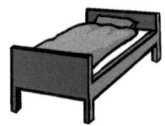

krevet

ዓራት

metla

መኸስተር

kanta

መገለል

prekidač

መወልጊት

dnevna soba
ክፍሊ ምቕማጥ

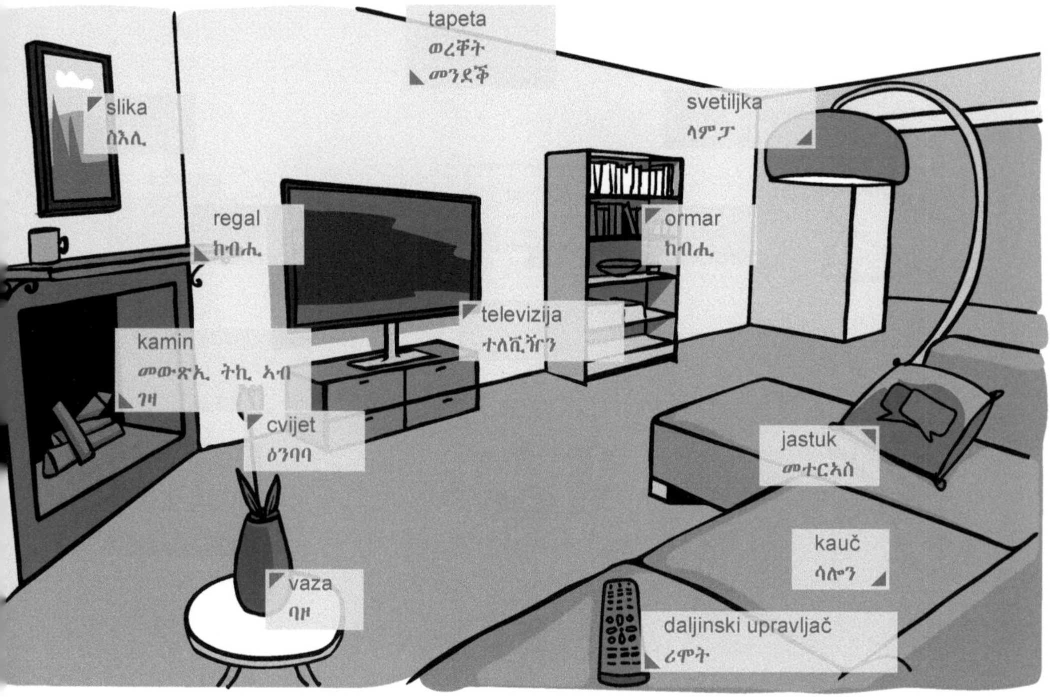

tapeta
ወረቐት
መንደቕ
slika
ስእሊ
svetiljka
ላምፓ
regal
ከብሒ
ormar
ከብሒ
televizija
ተለቪዥን
kamin
መውጽኢ ትኪ ኣብ ገዛ
cvijet
ዕንባባ
jastuk
መተርኣስ
kauč
ሳሎን
vaza
ባዞ
daljinski upravljač
ሪሞት

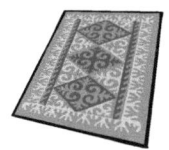

tepih

መንጸፍ

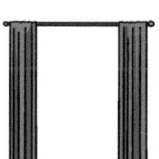

zavesa

መጋረጃ

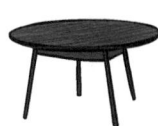

sto

ጣውላ

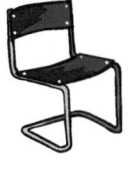

stolica

መንበር

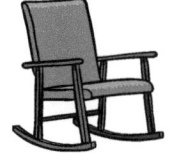

stolica za njihanje

ሰለል ዝብል መንበር

fotelja

መንበር ምቹእ

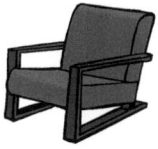

knjiga

መጽሐፍ

deka

ከበርታ

dekoracija

ስልማት

drvo za ogrev

እንጨይቲ ሓዊ

film

ፊልም

hi-fi uređaj

ስተረዮ

ključ

መፍትሕ

novine

ጋዜጣ

slika na platnu

ቅብኣ

poster

ፖስተር

radio

ሬድዮ

blok za pisanje

ጥራዝ

usisivač

መልገሲ ደርና

kaktus

በለስ

sveća

ሽምዓ

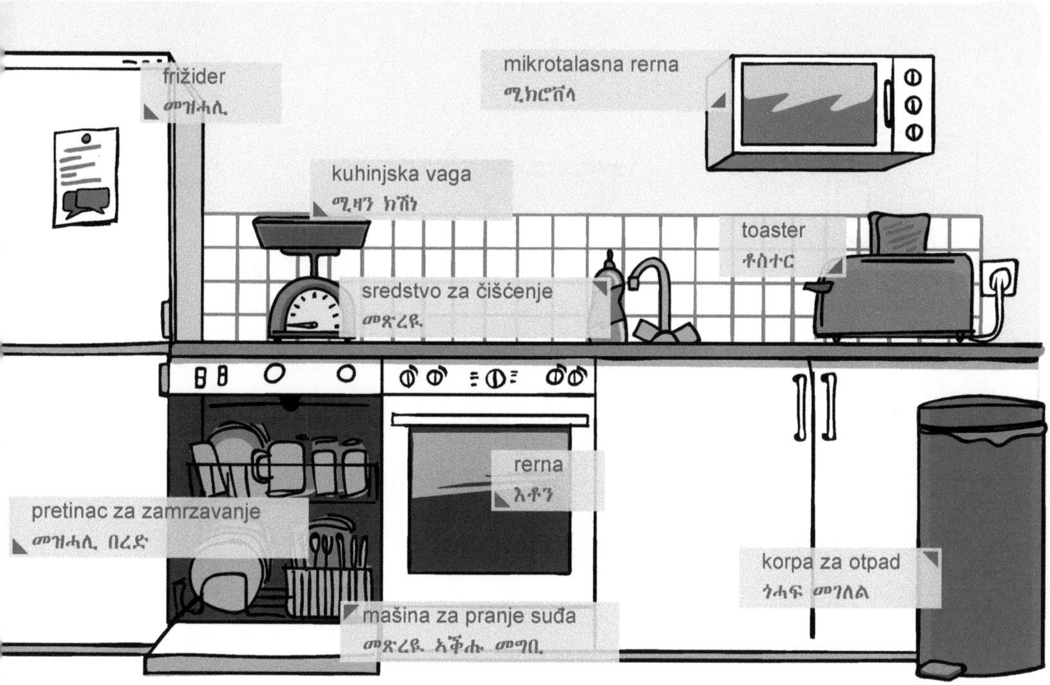

frižider
መዝሓሊ

mikrotalasna rerna
ሚክሮቨላ

kuhinjska vaga
ሚዛን ክሽን

toaster
ቶስተር

sredstvo za čišćenje
መጽረዪ

rerna
እቶን

pretinac za zamrzavanje
መዝሓሊ በረድ

korpa za otpad
ጎሓፍ መገለል

mašina za pranje suđa
መጽረዪ አቑሑ መግቢ

šporet

መኽሸኒ

lonac

ድስቲ

gvozdeni lonac

ድስቲ ሓጺን

wok / kadai

ቮክ/ካዳይ

tava

ባደላ

kuvalo za vodu

መውዓዪ ማይ

kuvalo na paru

መፍልሒ

lim za pečenje

ጎንቴራ ምስንካት

posuđe

አቕሑ መግቢ

čaša

ብርጭቆ

posuda

ጭሖሎ

štapići za jelo

ማንካቺና

kutlača

ማንካ መረቅ

lopatica

መገልበጢ ባደላ

penjača

መኹስተር ውርጪ

sito za kuvanje

መንፊት መግቢ

sito

መንፊት

ribež

መፋሕፍሒ

mužar

ሞርታር

roštilj

ባርቢክዩ

ognjište

ስፍራ ሓዊ

36   kuhinja - ክሽን

daska

እንጨይቲ ምምታር

oklagija

እንጨይቲ ኩረር

vadičep

መኽፈት ቡሽ

konzerva

ታኒካ

otvarač konzervi

መኽፈቲ ታኒካ

krpa za lonac

ጨርቂ ድስቲ

sudoper

ቡምባ

četka

ኣስባስላ

sunđer

ሰፍነግ

mikser

ሓዋሲ ኣደባላቒ

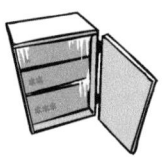

zamrzivač

መዝሓሊ በረድ

flašica za bebe

ጥርሙዝ ማማይ

slavina za vodu

ቡምባ ማይ

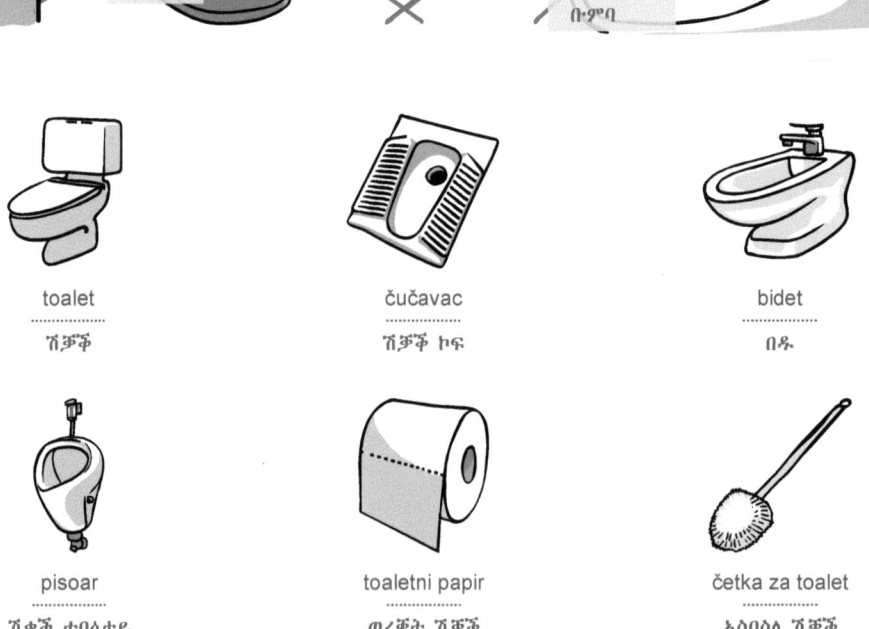

tuš
መሕጸቢ ሻወር

grejanje
መውዓዪ

peškir
ሸጎማኖ

zavesa za tuš
ሻወር መጋረጃ

penušava kupka
መሕጸቢ ዓፍራ

kada
ባንዮ መሕጸቢ

čaša
ብኪሪ

mašina za pranje veša
ሓጻቢት

slavina za vodu
ቡምባ ማይ

pločice
ማቶነላ

tuta
ድስቲ

sudoper
ቡምባ

toalet	čučavac	bidet
ሽቻቅ	ሽቻቅ ኮፍ	በዱ
pisoar	toaletni papir	četka za toalet
ሽቻቅ ተባዕታይ	ወረቐት ሽቻቅ	አስባስላ ሽቻቅ

četkica za zube

አስባስላ ስኒ

pasta za zube

ክረማ ስኒ

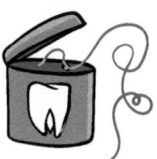

konac za zube

ሃሪ ስኒ

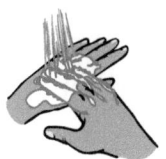

prati

ሓጸብ

tuš ručica

ዱሽ ኢድ

tuš za pranje intimnih delova

ዱሽ

lavor

ብርጭቆ ምሕጻብ

četka za pranje leđa

አስባስላ ሕቆ

sapun

ሳምና

gel za tuširanje

ሻወር ጀል

šampon

ሻምፑ

krpa za pranje

ጨርቂ መሕጸቢ.

odvod

መውሓዲ.

krema

ክረማ

dezodorans

ደዮ ጨና

ogledalo

መስትያት

kozmetičko ogledalo

ናይ ኢ.ድ መስትያት

brijač

መላጸ

pena za brijanje

ዓፍራ ምልጸይ

losion za posle brijanja

ጨና ድሕሪ ምልጸይ

češalj

መመሽጥ

četka

አስባስላ

fen za kosu

መንቆጺ ጸጉሪ

sprej za kosu

ስፕረይ ጸጉሪ

makeup

መመላኽዒ

ruž za usne

ብርኂ ቀለም ከንፈር

lak za nokte

አዝማልቶ

vata

ጸምሪ ጡጥ

makaze za nokte

መስደዲ ጽፍሪ

parfem

ጨና

kozmetička torbica

ሳንጣ መሕጸቢ.

stolica

ድኳ

vaga

ሚዛን

ogrtač

ክዳን መሕጸቢ.

rukavice za čišćenje

ጓንቲ መጽረዪ.

tampon

ታምፖን

uložak

ጨርቂ ሰበይቲ

hemijski toalet

ሽቓቕ ከሚስትሪ

dečija soba

ክፍሊ ቆልዑ

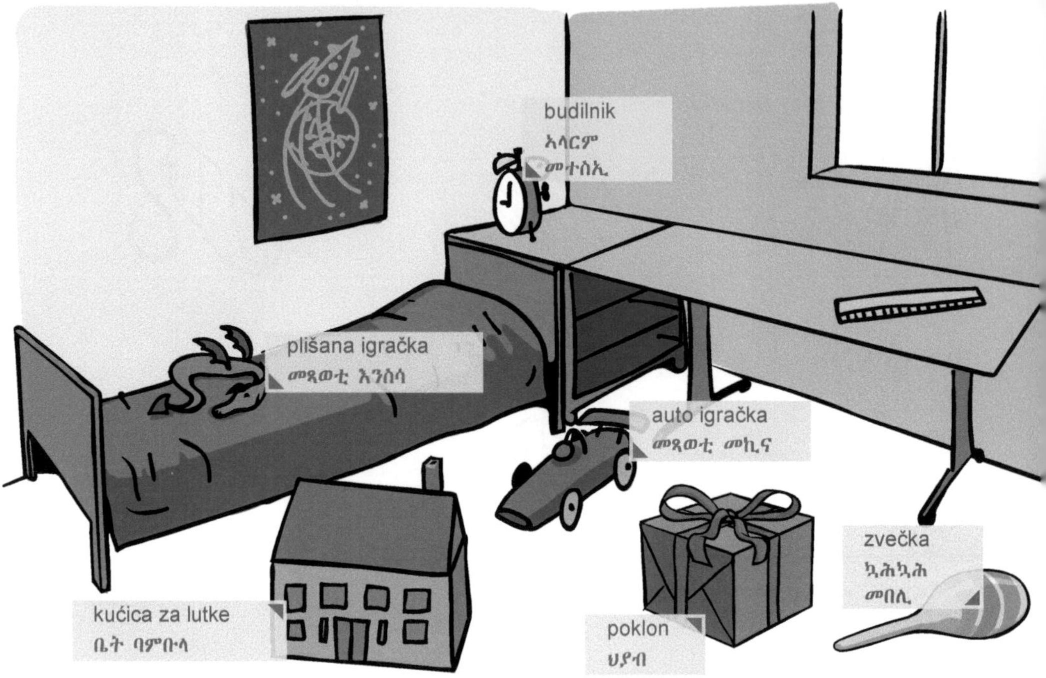

budilnik
ኣላርም መተስኢ
plišana igračka
መጻወቲ እንስሳ
auto igračka
መጻወቲ መኪና
zvečka
ኳሕኳሕ መበሊ
kućica za lutke
ቤት ባምቡላ
poklon
ህያብ

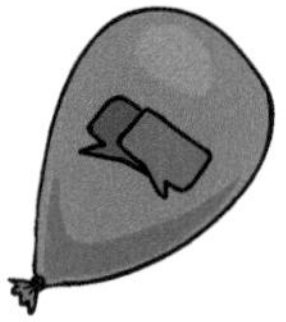

balon

ባላንችና

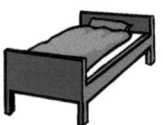

krevet

ዓራት

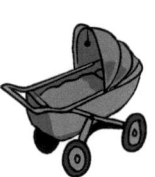

dječija kolica

ሰረገላ ህጻን

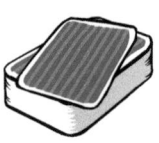

igra s kartama

ጸወታ ካርታ

slagalica

ሕንቅሊተይ

SUPER MEGA

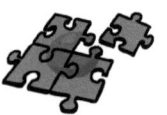

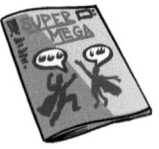

strip

ኮሜዲ

lego kockice

እምንታት መጻወቲ ለጎ

kockice za slaganje

መጻወቲ እምንታት

akcioni junak

በዓል አክቼን

benkica za bebe

ክዳን ማማይ

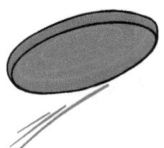

frizbi

ፍሪስቢ

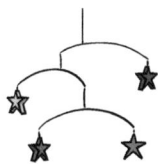

viseće igračke

ሞባይል ማማይ

društvene igre

ጸወታ ሰሌዳ

kocka

ኩቦ

minijaturna željeznica

ሞደል ባቡር ምድሪ

duda

ዓባስ

zabava

ፓርቲ

slikovnica

መጽሓፍ ስእሊ

lopta

ኩዕሶ

lutka

ባምቡላ

igrati

ተጻወተ

pješčanik

መጻወቲ ሑጻ

ljuljačka

ሰላል

igračka

መጻወቲታት

konzola za igre

ኮንሶል ቪድዮ

tricikl

መጻወቲ ሰለስተ መንኮርኮር

tedi

ተዲ

ormar

ከብሒ ክዳን

odeća

ክዳን

kratke čarape

ካልስታት

čarape

ነዊሕ ካልስታት

hulahopke

ስረ ካልሲ

šal
ሻርባ

kišobran
ጽላል

kaiš
ቁልፊ

majica
ማልያ

patike
ስኒከርስ

čizme
ረፋዕ

papuče
ጫማ ገዛ

sandale

ሻበጥ

cipele

ጫማ

gumene čizme

ረፋዕ ጎማ

gaćice

ሙታንታ

grudnjak

ክዳን ጡብ

potkošulja

ትሕተ ካሚቻ

bodi

ቦዲ

pantalone

ስረ

farmerke

ጄንስ

suknja

ቀምሽ

bluza

ካምቻ

košulja

ካሚቻ

džemper

ጉልፍ

džemper s kapuljačom

ጎልፍ

sako

ጃኬት

jakna

ጃከት

kaput

ጁባ

kabanica

ክዳን ዝናብ

kostim

ኮስቱም

haljina

ቀምሽ

venčanica

ቀምሽ መርዓ

odelo

ልብሲ

spavaćica

ካሚቻ ለይቲ

pidžama

ክዳን ለይቲ

sari

ሳሪ

marama za glavu

መሃረብ ርእሲ

turban

ቱርባን

burka

ቡርካ

kaftan

ካፍታን

abaja

አባያ

kupaći kostim

ክዳን መሕምበሲ

kupaće gaćice

ስረ መሕምበሲ

kratke pantalone

ሓጺር ስረ

odeća za trening

ክዳን ታዕሊም

kecelja

በጃ ክዳን

rukavice

ጓንቲ

dugme

መልጎም

naočare

መነጽር

narukvica

በንናጅር

ogrlica

ማዕተብ

prsten

ቀለበት

naušnica

ኩትሻ

kapa

ቆብዕ

vešalica

መንበሪ ጁባ

šešir

ባርኔጣ

kravata

ካራሻት

patent zatvarač

ዛርኔጣ

kaciga

ሀልመት

naramenice

መድልደል ስረ

školska uniforma

ድቢዛ ቤትትምህርቲ

uniforma

ድቢዛ

podbradak

ሰደርያ ቆልዓ

duda

ዓባስ

pelena

ጨርቂ ማማይ

kancelarija
ቤት ጽሕፈት

server
ሰርቨር

ormar za spise
ከብሒ ሰነድ

štampač
ፕሪንተር

papir
ወረቐት

monitor
ሞኒተር

pisaći stol
ጣውላ ምጽሓፍ

miš
ኣንጭዋ

mapa
ሓጀሬ

tastatura
ኪቦርድ

košara za papir
ጎሓፍ ወረቐት

stolica
መንበር

kompjuter
ኮምፒተር

šalica za kavu

ብርጭቆ ቡን

kalkulator

ካልኩለተር

internet

ኢንተርነት

laptop

ላፕቶፕ

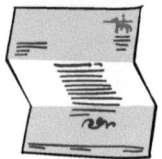

pismo

ደብዳበ

poruka

መልእኽቲ

mobilni telefon

ሞባይል

mreža

ነትወርክ/መርበብ

uređaj za kopiranje

መቕድሒ ፎቶኮፒ

softver

ሶፍትዌር

telefon

ተለፎን

utičnica

ሶከት ኣረንቲ

faks

ፋክስ

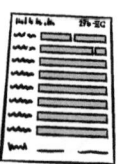

formular

ፎርም

dokument

ሰነድ

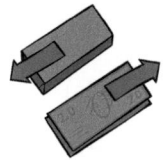

kupovati

ገዛአ

platiti

ከፈለ

trgovati

ንግዲ

novac

ገንዘብ

dolar

ዶላር

evro

አይሮ

jen

የን

rublja

ሩብል

švajcarski franak

ስዊዝ ፍራንከን

renmindbi juan

ረንሚንቢ ዩዋን

rupija

ሩፐየ

automat za novac

መውጽኢ ማሺን ገንዘብ

menjačnica

በታ ቅያር ገንዘብ

zlato

ወርቂ

srebro

ብሩር

nafta

ዘይቲ

energija

ሓይሊ

cena

ዋጋ

ugovor

ውዕል

porez

ቀረጽ

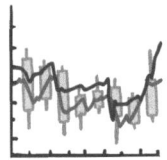

deonica

እኩብ ጥሪ-ነገራት

raditi

ሰርሐ

službenik

ሰራሕተኛ

poslodavac

አስራሒ

fabrika

ትካል

prodavnica

ዱኳን

zanimanja
ሞያታት

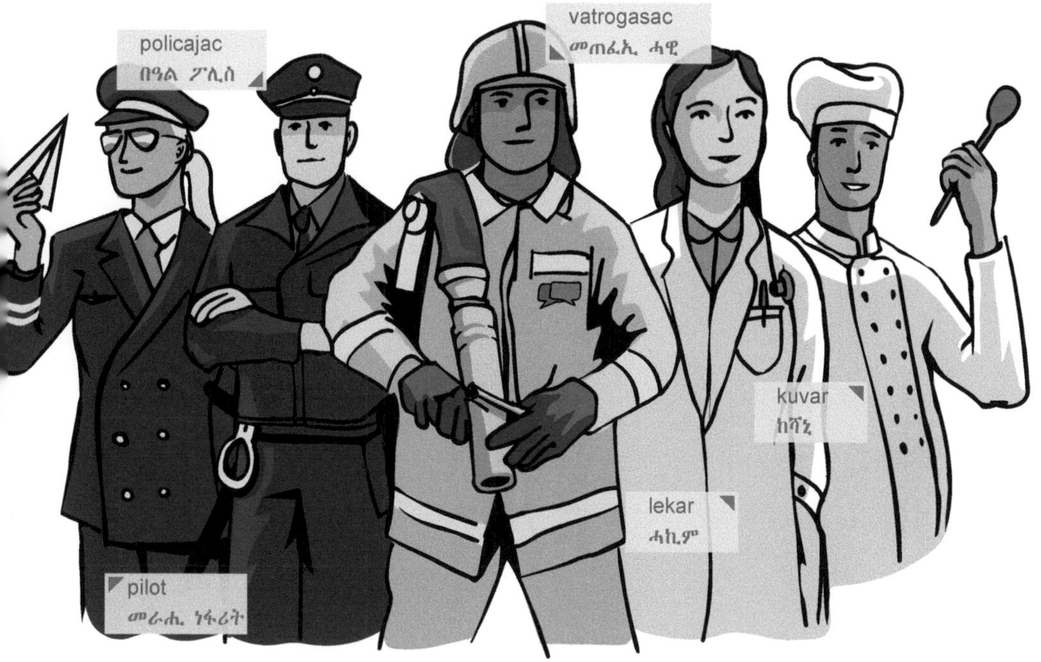
policajac
በዓል ፖሊስ
vatrogasac
መጠፈኢ ሓዊ
kuvar
ከሻኒ
lekar
ሓኪም
pilot
መራሒ ነፋሪት

vrtlar

ሰራሕተኛ ጀርዲን

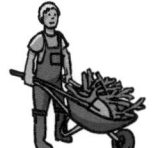

stolar

ጸራቢ ዕንጸይቲ

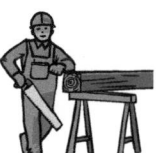

krojačica

ሰፋይት

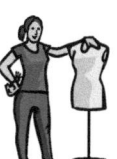

sudija

ፈራዳይ

hemičar

ቀማሚ

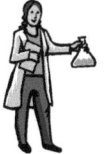

glumac

ተዋሳኢ

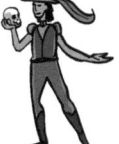

vozač autobusa

መራሒ አዉቶቡስ

vozač taksija

አዉቲስታ ታክሲ

ribar

ገፋሊ ዓሳ

čistačica

ጸራጊት

krovopokrivač

ሃናጺይ ናሕሲ

konobar

አሰላፊ

lovac

ሃዳናይ

slikar

ሰኣላይ

pekar

እንዳ ሕብስቲ

električar

ኤሌትሪከኛ

građevinski radnik

ሃናጺ አባይቲ

inženjer

ሃንዳሲ

mesar

ሰራሕተኛ እንዳ ስጋ

limar

ድራብሊኮ

poštar

አማላሳሲ ፖስጣ

vojnik

ወተሃደር

arhitekta

መሃንድስ

blagajnik

ተሓዝ ገንዘብ

cvećar

ሰራሕተኛ ዕምባባ

frizer

ቀምቃማይ

kondukter

ፈተሪኖ

mehaničar

መካኒክ

kapetan

መራሒ መርከብ

zubar

ሓኪም ስኒ

naučnik

ተመራማሪ

rabi

ራቢ

imam

ኢማም

monah

ፈላሲ

svećenik

ቀሺ

alati
ናውቲ

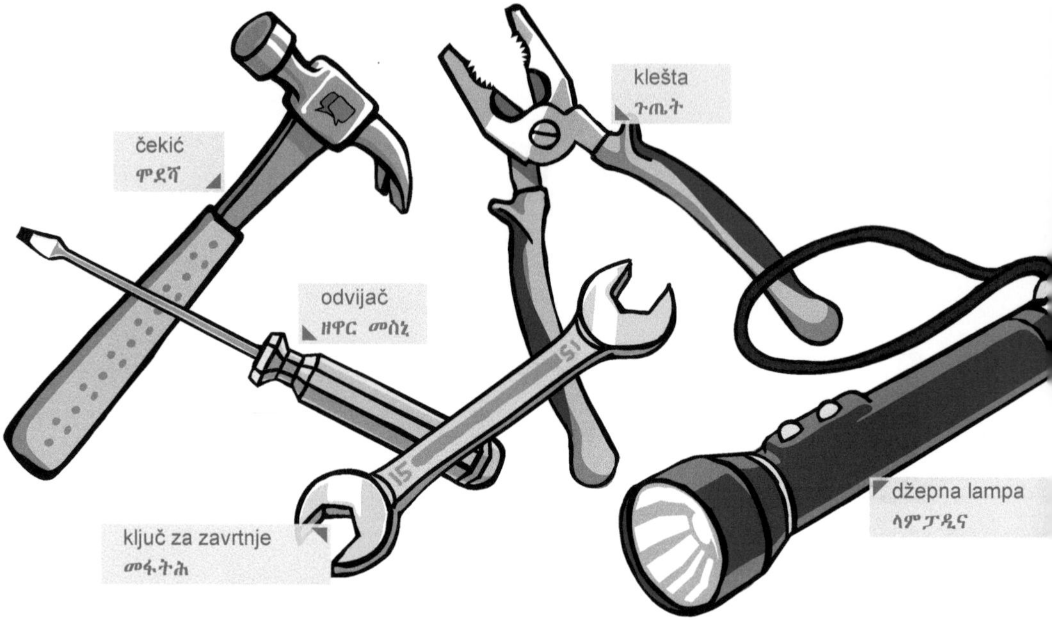

čekić
ሞደሻ
klešta
ጉጠት
odvijač
ዘዋር መስኒ
ključ za zavrtnje
መፋትሕ
džepna lampa
ላምፓዲና

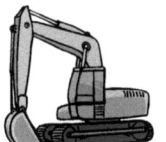

bager
ፈሓሪ

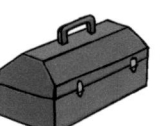

kutija za alat
ናውቲ ቦክስ

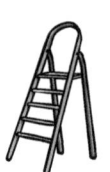

merdevine
መደያይቦ

pila
መጋዝ

ekser
መስማር

bušilica
ኰዓቲ

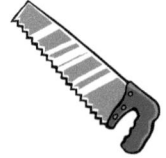

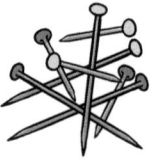

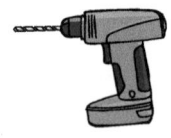

popraviti

ምዕራይ

lopata

ባደላ

do đavola!

አይ!

lopatica

መትሓዚ ዶሮና

lonac za boju

ድስቲ ቀለም

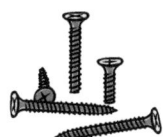

zavrtanji

ካቺቪተ

muzički instrument

መሳርሒ ሙዚቃ

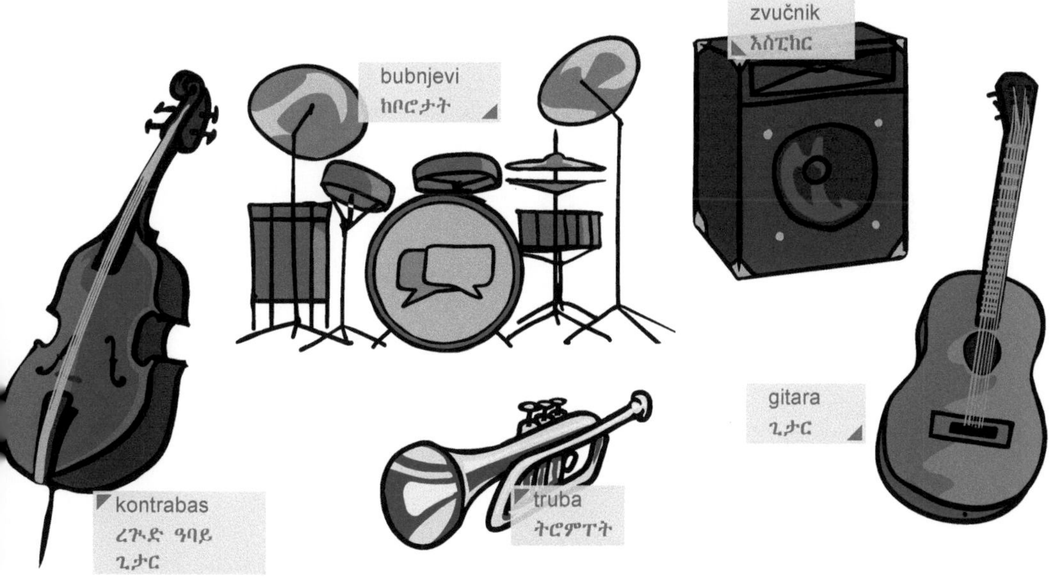

bubnjevi
ከበሮታት

zvučnik
እስፒከር

gitara
ጊታር

kontrabas
ረጉድ ዓባይ
ጊታር

truba
ትሮምፔት

klavir

ፒያኖ

violina

ቪዮሊን

bas

ባስ ጊታር

timpani

ቲምንኢ

udaraljke za bubnjeve

ከበሮ

tipke klavira

ኦርጋን

saksofon

ሳክሶፎን

flauta

ሻምብቆ

mikrofon

ሚክሮፎን

zoološki vrt

መካነ እንስሳታት

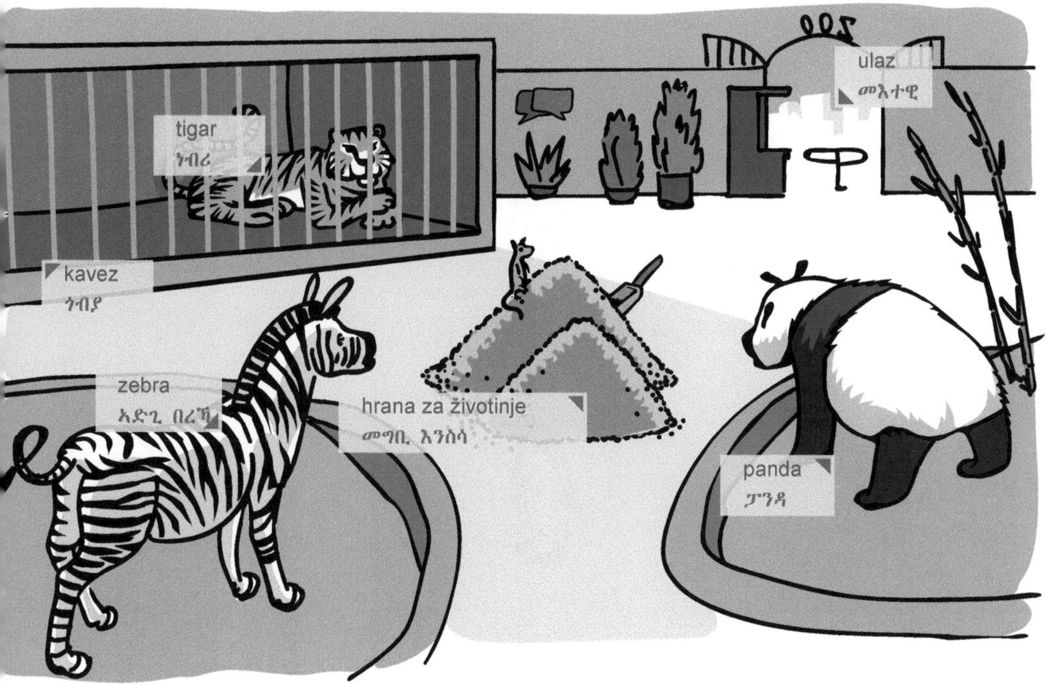

zoo
ulaz
መእተዊ
tigar
ነብሪ
kavez
ጎብያ
zebra
ኣድጊ በረኻ
hrana za životinje
መግቢ እንስሳ
panda
ፓንዳ

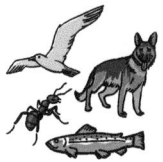

životinje

እንስሳታት

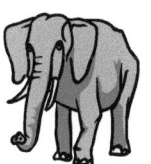

slon

ሓርማዝ

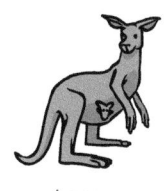

kengur

ካንጋሩ

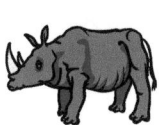

nosorog

ሓሪሽ

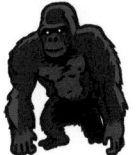

gorila

ጉሪላ

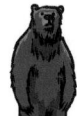

medved

ድቢ

kamila

ገመል

noj

ሰገን

lav

አንበሳ

majmun

ህበይ

flamingo

ፍላሚንጎ

papagaj

ሕንጻይ

polarni medved

ድቢ በረድ

pingvin

ፐንጉን

ajkula

ከልቢ ዓሳ

paun

ጣውስ

zmija

ተመን

krokodil

ሓርገጽ

čuvar u zoološkom vrtu

ሓላዊ ቤት ገርድሽ

tuljan

ዓሳ ዚምገብ እንስሳ ባሕሪ

jaguar

ጃጓር

poni

ሓጺር ፈረስ

leopard

ነብሪ

nilski konj

ጉማሪ

žirafa

ጄራፍ

orao

ሊላ

divlja svinja

መፍለስ

riba

ዓሳ

kornjača

ጎብየ

morž

ዋልሩስ

lisica

ወኻርያ

gazela

ሰስሓ

americki nogomet
ናይ አሜሪካ ኩዕሶ እግሪ

biciklizam
ምግዛወር ብሽግለታ

tenis
ተኒስ

košarka
ባስከትባል

plivanje
ምሕምባስ

boks
ቦክሲንግ

hokej na ledu
ሆኪ በረድ

fudbal
ኩዕሶ እግሪ

badminton
ባድሚንተን

atletika
እስፖርታዊ ንጥፈታት

rukomet
ኩዕሶ ኢድ

skijanje
ስኪ

polo
ፖሎ

smejati se
ሰሓቅ

skočiti
ነጠረ

zagrliti
ሓቘፈ

ići
ከደ

pevati
ደረፈ

moliti se
ጸለየ

poljubiti
ሰዓመ

sanjati
ሓለመ

pisati	crtati	pokazati
ጻሓፈ	ሰኣለ	ኣርአየ

gurati	dati	uzeti
ደፍአ	ሃበ	መሰደ

imati

አለመ

činiti

ገበረ

biti

ኮነ

stojati

ጠጠው በለ

trčati

ጎየየ

povlačiti

ሰሓበ

baciti

ሰንደወ

padati

ወደቐ

ležati

ሓሰወ

čekati

ተጸበየ

nositi

ሰከመ

sediti

ኮፍ በለ

oblačiti

ተኸድነ

spavati

ደቀሰ

probuditi se

ተስአ

gledati

ረአየ

plakati

በኸየ

milovati

ብኣጻብዑ ደረዘ

češljati

መሸጠ

govoriti

ተዛረበ

razumeti

ተረድአ

pitati

ሓተተ

slušati

ሰምዐ

piti

ሰተየ

jesti

በልዐ

pospremiti

ኣቐመጠ

voleti

ኣፍቀረ

kuhati

ከሽነ

voziti

ዘወረ

leteti

ነፈረ

ploviti

ብመርከብ ገየሽ

računati

ደመረ

čitati

አንበበ

učiti

ተመሃረ

raditi

ሰርሐ

venčati se

መርዓወ

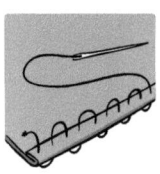

šiti

ሰፈየ

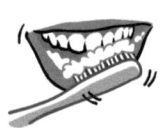

prati zube

ጽሬት አስናን

ubiti

ቀተለ

pušiti

ሽጋራ ተከኸ

poslati

ሰደደ

baka
ዓባየ

deda
አቦሓጎ

otac
አቦ

majka
አደ

beba
ማማይ

kćerka
ጓል

sin
ወዱ

gost

ጋሻ

tetka

ሓትኖ

ujak, stric

አኮ

brat

ሓው

sestra

ሓፍቲ

telo

ኣካላት

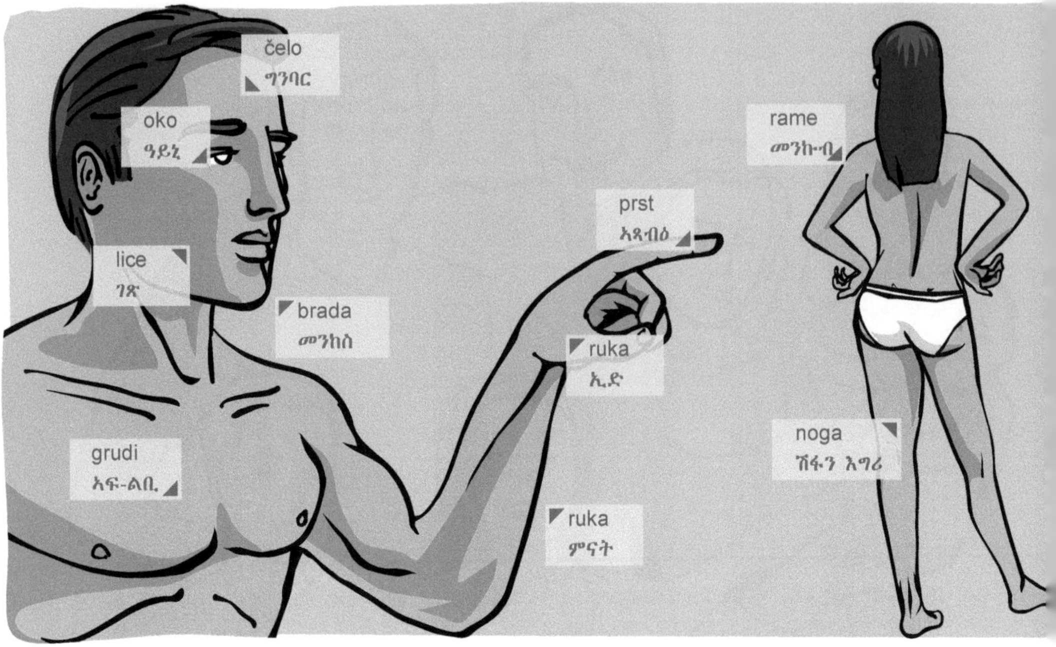

čelo
ግንባር
oko
ዓይኒ
rame
መንኩብ
prst
ኣጻብዕ
lice
ገጽ
brada
መንከስ
ruka
ኢድ
grudi
ኣፍ-ልቢ
noga
ሽፋን እግሪ
ruka
ምናት

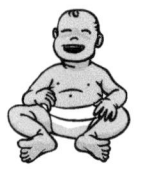

beba

ማማይ

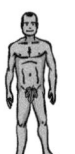

muškarac

ሰብኣይ

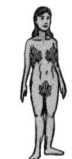

žena

ሰበይቲ

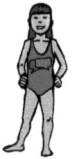

devojčica

ጓል

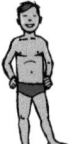

dečak

ወዲ

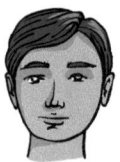

glava

ርእሲ

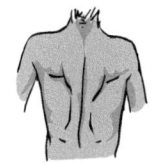

leđa

ሕቖ

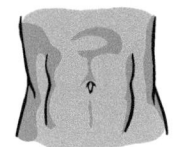

stomak

ከስዐ

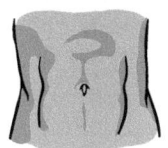

pupak

ሕምብርቲ

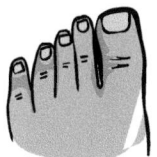

nožni prst

ኣጻብዕ እግሪ

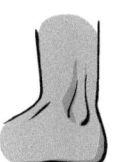

peta

ኩርኵሪ

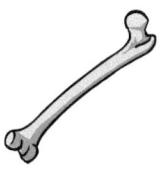

kost

ዓጽሚ

kukovi

ምሕኾልቲ

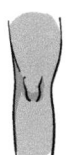

koleno

ብርኪ

lakat

ፍግፍጎ

nos

ኣፍንጫ

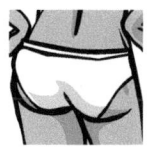

zadnjica

መዓኮር

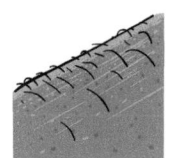

koža

ቆርበት

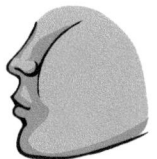

obraz

ምዕጉርቲ

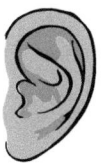

uvo

እዝኒ

usna

ከንፈር

usta

አፍ

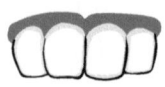

zub

ስኒ

jezik

መልሓስ

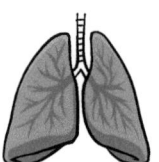

mozak

ሓንጎል

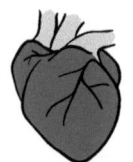

srce

ልቢ

mišić

ጭዋዳ

pluća

ሳንቡእ

jetra

ጸላም ከብዲ

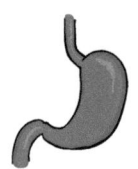

želudac

ከብዲ

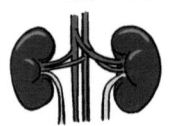

bubrezi

ኮሊት

polni odnos

ግብሪ ስጋ

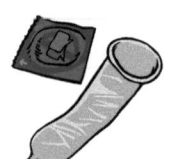

kondom

ኮንዶም

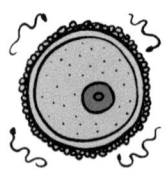

jajna ćelija

እንቋቍሓ

sperma

ዘርኢ ተባዕታይ

trudnoća

ጥንሲ

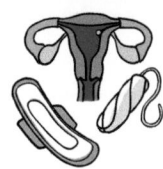

menstruacija

ድግያት

vagina

ርሕሚ

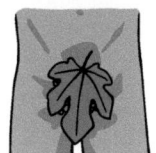

penis

መትሎ

obrva

ሽፋሽፍቲ

kosa

ጸግሪ

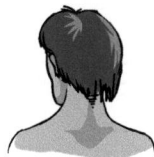

vrat

ክሳድ

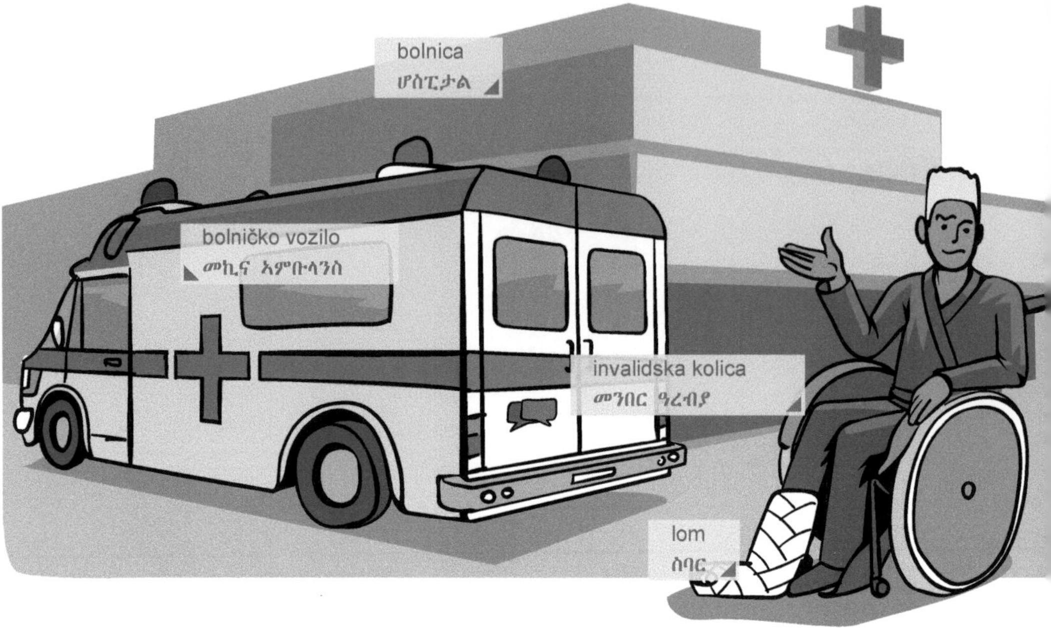

bolnica

ሆስፒታል

bolnica
ሆስፒታል
bolničko vozilo
መኪና አምቡላንስ
invalidska kolica
መንበር ዓረብያ
lom
ስባር

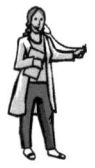

lekar

ሓኪም

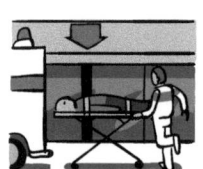

hitna medicinska služba

ክፍሊ ህጹጽ ረድኤት

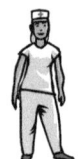

medicinska sestra

ኣላይት

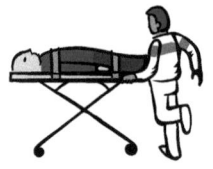

hitni slučaj

ህጹጽ ኩነት

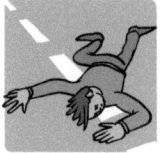

nesvest

ውነኡ ዘጥፍአ

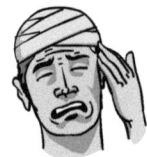

bol

ቃንዛ

povreda

ጉድአት

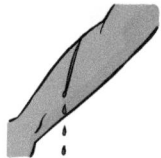

krvarenje

ደም

srčani udar

ማህረምቲ

udar

ማህረምቲ

alergija

አለርጂ

kašalj

ሰዓል

groznica

ረስኒ

gripa

ኡንፍልወንዛ

proliv

ውጽአት

glavobolja

ቃንዛ ርእሲ

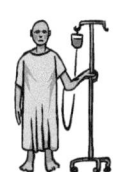

rak

መንሽሮ

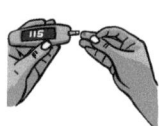

dijabetes

ሹኮርያ

hirurg

ሓኪም መጥባሕቲ

skalpel

መጥብሒ

operacija

መጥባሕቲ

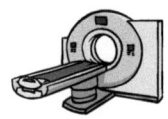

ct

CT

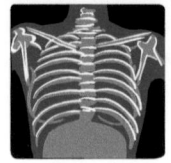

rentgen

ራጂ

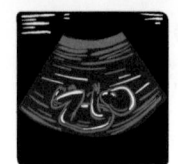

ultrazvuk

ልዕለ ድምጻዊ

maska

መሸፈኒ ገጽ

bolest

ሕማም

čekaona

ክፍሊ ምጽባይ

štaka

ምርኩስ

flaster

መጆነኒ ቍስሊ.

zavoj

መጆነኒ

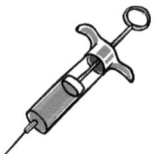

injekcija

መርፍዕ ምውጋእ

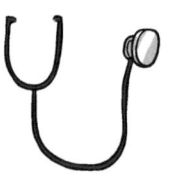

stetoskop

ስተቶስኮፕ

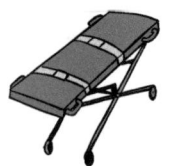

nosila

መሰከሚ ሕማም

termometar

ቴርሞመተር

rođenje

ትውልዲ

prekomerna težina

ልዕለ-ሚዛን

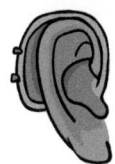

slušni aparat

ሓገዝ ምስማዕ

sredstvo za dezinfekciju

ኣንጻሂ

infekcija

ልበዳ

virus

ቫይረስ

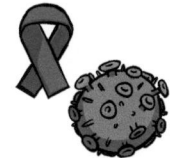

HIV / AIDS

ኤድስ

medicina

ሕክምና

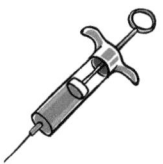

vakcinacija

ክታብ

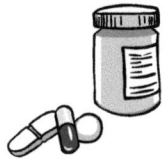

tablete

ኪኒና

pilula

ኪኒና

hitni poziv

ህጹጽ ምድዋል

uređaj za merenje pritiska

መዐቀኒ ጸቕጢ ደም

bolesno / zdravo

ሕሙም / ጥዑይ

pomoć!

ሓገዝ

alarm

ኣላርም

nasrtaj

ምህጃም

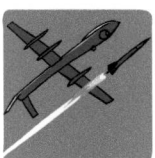

napad

መጥቃዕቲ

opasnost

ድንገት

izlaz u slučaju nužde

ህጹጽ መውጽኢ

požar!

ሓዊ!

protivpožarni aparat

መጥፍኢ ሓዊ

nezgoda

ሓደጋ

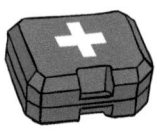

kutija prve pomoći

ሳንጣ ቀዳማይ ረድኤት

sos

SOS

policija

ፖሊስ

Evropa

ኤውሮጳ

Severna Amerika

ሰሜን አመሪካ

Južna Amerika

ደቡብ አመሪካ

Afrika

አፍሪቃ

Azija

ኤስያ

Australija

አውስትራልያ

Atlantik

አትላንቲክ

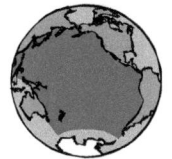

Pacifik

ፓሲፊክ

Indijski okean

ህንዳዊ ዉቅያኖስ

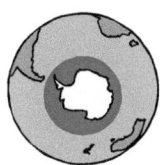

Antarktički okean

አንታርቲካዊ ዉቅያኖስ

Arktički ocean

አርክቲካዊ ዉቅያኖስ

Severni pol

ሰሜናዊ ዋልታ

Južni pol

ደቡባዊ ዋልታ

Antarktik

አንታርቲካ

zemlja

ምድሪ

zemlja

መሬት

more

ባሕሪ

otok

ደሴት

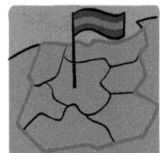

nacija

ሃገር

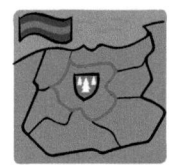

država

ዓዲ

brojčanik sata

ገጽ ሰዓት

satna kazaljka

አመልካቺ ሰዓታት

minutna kazaljka

አመልካቺ ደቓይቝ

sekundna kazaljka

አመልካቺ ካልኢት

Koliko je sati?

ሰዓት ክንደይ አሎ?

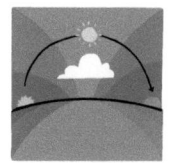

dan

መዓልቲ

vreme

ግዜ

sada

ሕጂ

digitalni sat

ዲጊታል ሰዓት

minuta

ደቒቝ

čas

ሰዓት

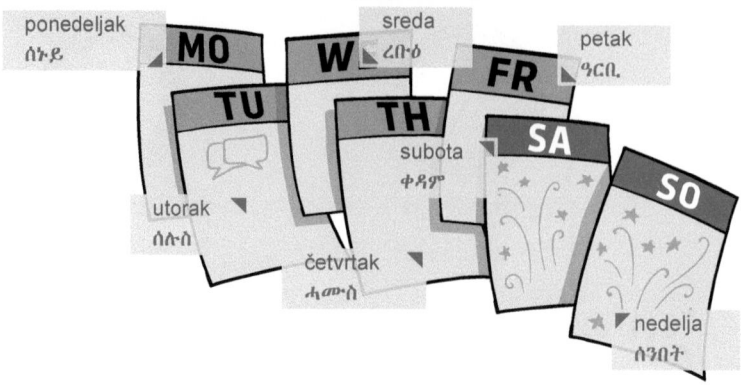

ponedeljak
ሰኑይ

sreda
ረቡዕ

petak
ዓርቢ

MO

W

FR

TU

TH

SA

subota
ቀዳም

utorak
ሰሉስ

SO

četvrtak
ሓሙስ

nedelja
ሰንበት

juče

ትማሊ

danas

ሎሚ

sutra

ጽባሕ

jutro

ንጎሆ

podne

ቀትሪ

veče

ምሸት

MO	TU	WE	TH	FR	SA	SU
1	2	3	4	5	6	7
8	9	10	11	12	13	14
15	16	17	18	19	20	21
22	23	24	25	26	27	28
29	30	31	1	2	3	4

radni dani

መዓልታት ስራሕ

MO	TU	WE	TH	FR	SA	SU
1	2	3	4	5	6	7
8	9	10	11	12	13	14
15	16	17	18	19	20	21
22	23	24	25	26	27	28
29	30	31	1	2	3	4

vikend

መወዳእታ ሰሙን

godina

ዓመት

kiša
ዝናብ
duga
ቀስተ-ደመና
vetar
ንፋስ
sneg
በረድ
proleće
ጽድያ
leto
ሓጋይ
jesen
ቀውዒ
zima
ክረምቲ

4.APRIL 11°
5.APRIL 4°
6.APRIL 13°
7.APRIL 8°
8.APRIL 10°

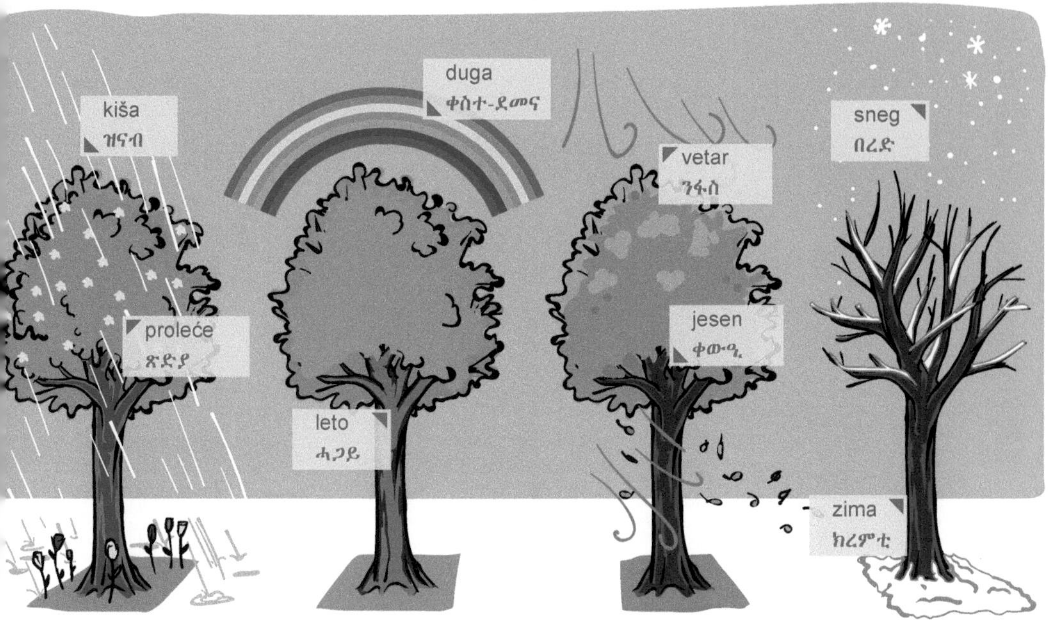

meteorološka prognoza

ትንቢት ኩነታት ኣየር

F C
120 40
90 30
60 20
30 10
0 0
-30 -10
-20

termometar

ቴርሞመተር

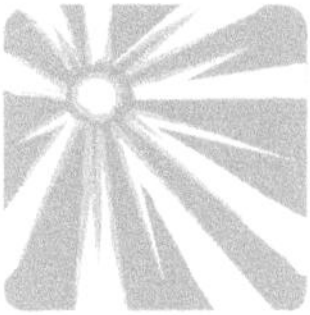

sunčana svetlost

ብርሃን ጸሓይ

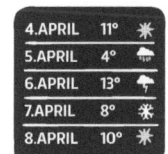

oblak

ደበና

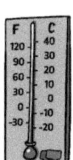

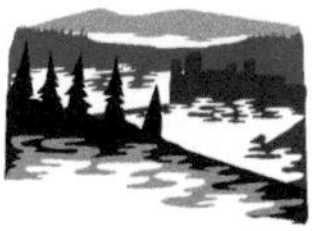

magla

ግመ

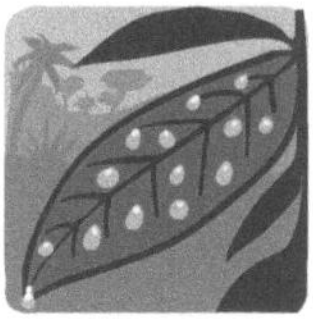

vlažnost vazduha

ጠሊ

munja

ብርቂ

grmljavina

ነጕዳ

oluja

ህቦብላ

tuča

በረድ

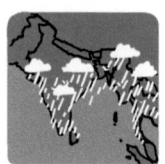

monsun

ብርቱዕ ህቦብላ

poplava

ውሕጅ

led

በረድ

januar

ጥሪ

februar

ለካቲት

mart

መጋቢት

april

ሚያዝያ

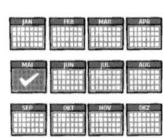

maj

ጉንበት

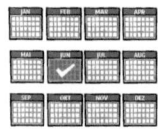

juni

ሰነ

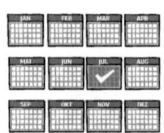

juli

ሓምለ

avgust

ነሓሰ

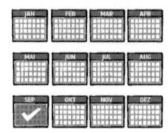

septembar

መስከረም

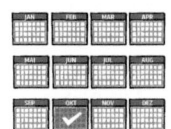

oktobar

ጥቅምቲ

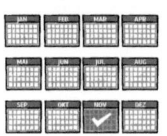

novembar

ሕዳር

decembar

ታሕሳስ

oblici
ቅርጽታት

krug

ዙርያ

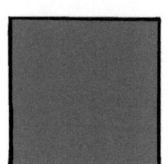

kvadrat

ትርብዒት

pravougao

ቅኑዕ ርቡዕ ኩርናዕ

trougao

ስሉስ ኩርናዕ

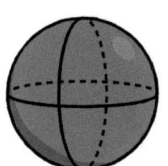

kugla

ክቢ

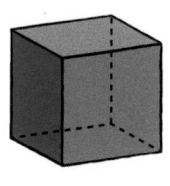

kocka

ኩቦ

bela

ጸዓዳ

žuta

ብጫ

narandžasta

ኣራንጂ

ružičasta

ፒንክ

crvena

ቀይሕ

ljubičasta

ጁኽ

plava

ሰማያዊ

zelena

ቀጠልያ

smeđa

ቡናዊ

siva

ሓሙኽሽታይ

crna

ጸሊም

mnogo / malo

ብዙሕ / ውሑድ

ljutito / mirno

ሕሩቕ / ሰላማዊ

lepo / ružno

ጽቡቕ / ክፉእ

početak / kraj

መጀመርያ / መወዳእታ

veliko / maleno

ዓቢ / ንእሽቶ

svetlo / tamno

ብሩህ / ጸልማት

brat / sestra

ሓው / ሓፍት

čisto / prljavo

ጽሩይ / ርሳሕ

potpuno / nepotpuno

ምሉእ / ዘይምሉእ

dan / noć

መዓልቲ / ለይቲ

mrtvo / živo

ሙዉት / ህልው

široko / usko

ሰፊሕ / ጸቢብ

jestivo / nejestivo

ደስ ዘበል / ደስ ዘይብል

zlo / dobro

እኩይ / ህያዋይ

uzbuđeno / dosadno

ርቡጽ / ስልኩይ

debelo / mršavo

ረጊድ / ቀጢን

na početku / na kraju

ቀዳማይ / ናይ መወዳእታ

prijatelj / neprijatelj

ዓርኪ / ጸላኢ

puno / prazno

ምሉእ / ባዶ

tvrdo / mekano

ተሪር / ልስሉስ

teško / lagano

ከቢድ / ፈኩስ

glad / žeđ

ጥምየት / ጽምየት

bolesno / zdravo

ሕሙም / ጥዑይ

ilegalno / legalno

ዘይሕጋዊ / ሕጋዊ

pametno / glupo

መስተውዓሊ / ስዲ

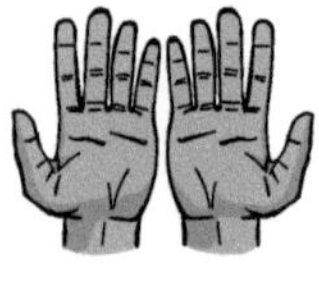

levo / desno

ጸጋም / የማን

blizu / daleko

ቐረባ / ርሑቕ

novo / polovno

ሓዲሽ / ብሉይ

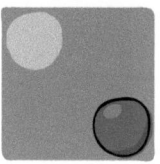

ništa / nešto

ዋላ ሓደ / ገለ

staro / mlado

ዓቢ/ኣረጊት / መንእሰይ

uključeno / isključeno

ወልዕ / ኣጥፍእ

otvoreno / zatvoreno

ክፉት / ዕጹው

tiho / glasno

ህዱእ / ዓው

bogato / siromašno

ሃብታም / ድኻ

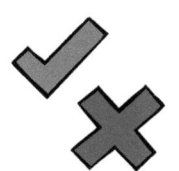

tačno / pogrešno

ቅኑዕ / ግጉይ

hrapavo / glatko

ሓርፋፍ / ልሙጽ

tužno / sretno

ጉሁይ / ሕጉስ

kratko / dugo

ሓጺር / ነዊሕ

polako / brzo

ቀስ / ቅልጡፍ

mokro / suho

ጥሉል / ንቑጽ

toplo / hladno

ምዉቕ / ዝሑል

rat / mir

ውግእ / ሰላም

0

nula

ዜሮ

1

jedan

ሓደ

2

dva

ክልተ

3

tri

ሰለስተ

4

četiri

አርባዕተ

5

pet

ሓሙሽተ

6

šest

ሽዱሽተ

7

sedam

ሸውዓተ

8

osam

ሸሞንተ

9

devet

ትሽዓተ

10

deset

ዓሰርተ

11

jedanaest

ዓሰተ ሓደ

12
dvanaest

ዓሰርተ ክልተ

13
trinaest

ዓሰርተ ሰለስተ

14
četrnaest

ዓሰርተ አርባዕተ

15
petnaest

ዓሰርተ ሓሙሽተ

16
šestnaest

ዓሰርተ ሽዱሽተ

17
sedamnaest

ዓሰርተ ሽውዓተ

18
osamnaest

ዓሰርተ ሽሞንተ

19
devetnaest

ዓሰርተ ትሽዓተ

20
dvadeset

ዕስራ

100
stotinu

ሚእቲ

1.000
hiljadu

ሽሕ

1.000.000
milion

ሚልዮን

engleski

እንግሊዝኛ

američki engleski

አመሪካዊ እንግሊዛዊ

mandarinski kineski

ቻይናዊ ማንዳሪን

hindski

ሂንዳዊ

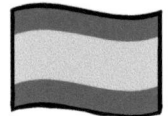

španski

እስጳኛዊ

francuski

ፈረንሳዊ

arapski

ዓረባዊ

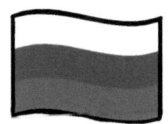

ruski

ሩሲያዊ

portugalski

ፖርቱጋላዊ

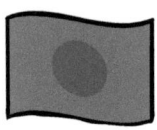

bengalski

በንጋሊ

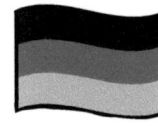

nemački

ጀርመናዊ

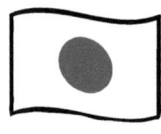

japanski

ጃፓናዊ

ja

አነ

ti

ንስኻ/ኺ.

on / ona / ono

ንሱ / ንሳ / ንሱ

mi

ንሕና

vi

ንስኻ

oni

ንሳቶም

Ko?

መን?

Šta?

እንታይ?

Kako?

ከመይ?

Gde?

አበይ?

Kada?

መዓስ?

ime

ሽም

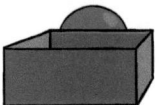

iza

ድሕሪ

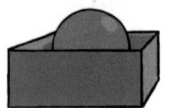

u

አብ

ispred

አብ ቅድሚ

preko

አብ ላዕሊ

na

አብ ልዕሊ

ispod

ትሕቲ ምድሪ

pored

አብ ጥቓ

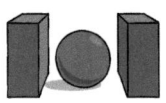

između

አብ መንጎ

mesto

ቦታ